ANGELIKA ILIES

ANTIPASTI & TAPAS

FOTOGRAFIE: COCO LANG

INHALT

Öffnen Sie die Klappen dieses Buches.
Dort finden Sie die wichtigsten Infos zum Thema auf einen Blick!

DAS PRINZIP: ANTIPASTI & TAPAS

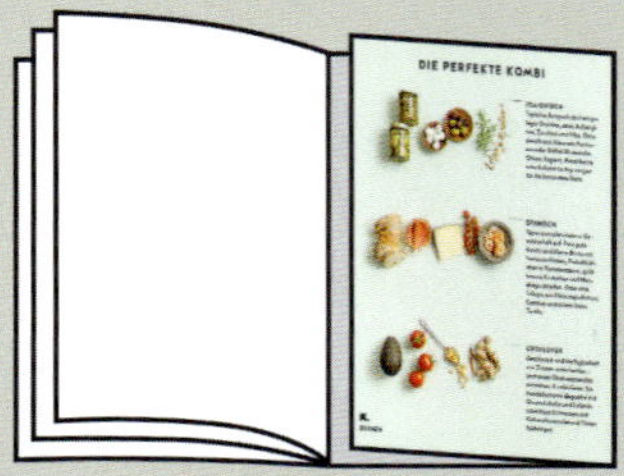

DIE PERFEKTE KOMBI

Immer griffbereit:

SO GEHT'S: GEMÜSE IN ÖL EINLEGEN

Immer griffbereit:

SO GELINGT'S: KÜCHENTECHNIK

GU CLOU

Wussten Sie schon, dass ...? Entdecken Sie bei einigen ausgewählten Rezepten ganz besondere Tipps mit verblüffendem Insiderwissen. Aha-Momente garantiert!

Mit diesem Symbol sind alle vegetarischen Gerichte gekennzeichnet.

Die Backzeiten können je nach Herd variieren. Unsere Temperaturangaben beziehen sich auf das Backen im Elektroherd mit Ober- und Unterhitze.

Sammeln Ihrer Lieblingsrezepte mit der »GU Kochen Plus«-App (siehe S. 64)

REZEPTKAPITEL

ANGELIKA ILIES

Antipasti und Tapas – schon die Worte machen Appetit. Appetit auf mehr. Aus den Mittelmeerländern haben die kleinen Köstlichkeiten längst den Weg zu uns gefunden und laden ein zum gemeinsamen Genießen zu zweit, mit der Familie, in geselliger Runde.

Italien oder Spanien?

Für mich am liebsten beides, und zwar gern auch gemischt. Es muss ja nicht immer klassisch sein. Meine erste Begegnung mit Antipasti hatte ich vor vielen Jahren. Damals arbeitete ich in München als Redakteurin für eine große Food-Zeitschrift und hatte bis dato keine Ahnung von den italienischen Vorspeisen. Überraschend neu waren Vitello tonnato und eingelegte Auberginen, aber sie haben mich sofort begeistert und lassen mich seither nicht mehr los. Einige Jahre später entdeckte ich dann im Bonner Lieblingslokal die Vielfalt der spanischen Tapas.

Warum ich die Kleinigkeiten so liebe

Sie passen bestens zum Wein, aber auch zu Bier, schmecken auf der Terrasse ebenso wie am Kamin. Sie sind meist blitzschnell gemacht und können schon in Mini-Mengen rasch zu etwas Großem aufsteigen, eignen sich also auch sehr gut als Resteverwertung. Vor allem aber sind Antipasti und Tapas unkompliziert und wunderbar gesellig. Jeder am Tisch kann querfeldein probieren, es gibt keine feste Speisenfolge, dafür viele kleine Geschmacksüberraschungen.

Sind Antipasti und Tapas aufwendig?

Nein, ganz und gar nicht. Fix einige Pilze braten oder eine Baguettescheibe mit Käse oder Schinken belegen und mit Oliven krönen – das geht blitzschnell von der Hand. Auch das Präsentieren und Servieren ist denkbar unkompliziert. Wenn ich Antipasti und Tapas für eine größere Runde vorbereite, richte ich die Köstlichkeiten gerne auf großen Platten an, sodass sich alle nach Lust und Geschmack immer wieder bedienen können.

BLITZREZEPT: KRÄUTER-CHAMPIGNONS

350 g kleine feste Champignons mit einem feuchten Tuch abreiben.

100 g kleine Kirschtomaten waschen.

4 Knoblauchzehen schälen und in feine Streifen schneiden.

Je 4 Zweige Thymian, Rosmarin und Majoran waschen und abtrocknen, Blättchen bzw. Nadeln abstreifen und hacken.

4 EL Olivenöl in einer Pfanne erhitzen und die Pilze darin bei großer Hitze ca. 3 Min. rundherum braten. Knoblauch, Kräuter und die Tomaten einrühren und alles noch ca. 1 Min. braten. Mit Salz und Pfeffer würzen und in Schälchen füllen.

GEMÜSE & KARTOFFELN

RUNZELKARTOFFELN MIT ROTER MOJO

VON DEN KANAREN

FÜR DIE KARTOFFELN
600 kleine, möglichst gleich große festkochende Kartoffeln
2 EL grobes Meersalz

FÜR DIE ROTE MOJO
1 rote Paprika
1 kleine rote Chilischote
2 Knoblauchzehen
1 Scheibe Toastbrot
2 EL Tomatenmark
1 TL edelsüßes Paprikapulver
3 EL Weinessig
5 EL Olivenöl
Salz, Pfeffer

FÜR DIE KARTOFFELN die Knollen gründlich waschen und in einen großen Topf geben. Zur Hälfte mit Wasser bedecken und mit dem Meersalz bestreuen. Das Wasser zum Kochen bringen, den Topf mit einem Geschirrtuch abdecken und die Kartoffeln in ca. 20 Min. garen.

Anschließend das Tuch entfernen und das im Topf verbliebene Wasser bei großer Hitze verkochen lassen. Dabei den Topf mehrmals rütteln. Wenn das Wasser verdampft ist, die Kartoffeln ohne Hitzezufuhr noch ca. 5 Min. stehen lassen, bis die typische weiße Salzkruste entstanden und die runzelige Optik der Knollen gut sichtbar ist.

FÜR DIE ROTE MOJO inzwischen die Paprika und die Chilischote halbieren, Stielansätze, weiße Trennwände und Kerne entfernen. Die Hälften waschen, die Paprika nach Belieben mit dem Sparschäler schälen. Paprika- und Chilihälften grob würfeln. Den Knoblauch schälen und vierteln. Das Toastbrot entrinden und zwischen den Händen krümelig reiben.

Die vorbereiteten Zutaten mit Tomatenmark, Paprikapulver und Essig in einen hohen Rührbecher geben und mit einem Pürierstab fein pürieren. Zum Schluss das Öl nach und nach untermixen. Die Mojo mit Salz und Pfeffer abschmecken und zu den Runzelkartoffeln servieren.

GU **CLOU**

Nicht jeder verträgt rohe Paprika, verantwortlich dafür ist meist deren Haut. Um diese zu entfernen, können Paprika im Ofen gebacken und dann gehäutet werden. So gehts schneller: die Haut der rohen Schoten mit einem Sparschäler abziehen.

Für 12 Stücke • 30 Min. Zubereitung • Pro Stück ca. 95 kcal, 4 g E, 4 g F, 10 g KH

ERBSEN-SPAGHETTI-FRITTATA

GÜNSTIG

150 g Spaghetti
Salz
100 g TK-Erbsen
4 Eier
Pfeffer
edelsüßes Paprikapulver
2 EL Butter

1 Die Spaghetti dreimal durchbrechen und in reichlich kochendem Salzwasser nach Packungsanweisung bissfest garen. Dabei für die letzten 3 Min. die TK-Erbsen mit in das kochende Wasser geben. Nudeln und Erbsen in ein Sieb abgießen, ausgiebig mit kaltem Wasser abbrausen und sehr gut abtropfen lassen.

2 In einer Schüssel die Eier mit Salz, Pfeffer und etwas Paprikapulver verquirlen. Nudeln und Erbsen unterrühren. Die Butter in einer beschichteten Pfanne (ca. 24 cm ∅) aufschäumen. Die Frittata-Masse in die Pfanne geben und zugedeckt bei mittlerer Hitze ca. 8 Min. backen, bis die Unterseite goldgelb ist.

3 Die Frittata dann auf einen Teller oder den Pfannendeckel gleiten lassen, umgedreht wieder in die Pfanne geben und offen bei kleiner Hitze in weiteren ca. 5 Min. garen. Zum Servieren in schmale Tortenstücke schneiden. Die Frittata schmeckt warm oder kalt.

Für 16 Stück • 30 Min. Zubereitung • Pro Stück ca. 30 kcal, 1 g E, 2 g F, 1 g KH

GEFÜLLTE MINI-PAPRIKA

GÜNSTIG

8 sehr kleine rote Spitzpaprika (Snack-Paprika; ca. 170 g)
1 kleine Knoblauchzehe
125 g Ricotta
30 g Pesto (aus dem Glas)
Salz, Pfeffer
2 EL Pinienkerne
einige Basilikumblätter

1 Die Spitzpaprika waschen und längs halbieren, von allen Hälften den Stielansatz, die Kerne und die weißen Trennwände entfernen. Die Hälften gut abtropfen lassen. Den Knoblauch schälen und sehr fein hacken.

2 Den Ricotta mit dem Pesto glatt rühren, den gehackten Knoblauch untermischen und die Creme mit Salz und Pfeffer pikant abschmecken. Die Ricottacreme in die Paprikahälften füllen – am besten gelingt das mit einem Spritzbeutel.

3 Die Pinienkerne in einer kleinen beschichteten Pfanne ohne Fett goldbraun rösten. Die Basilikumblätter waschen und trocken tupfen. Pinienkerne und Basilikumblätter auf der Ricottacreme verteilen und die Paprikahälften auf kleinen Tellern anrichten.

SCHARFE PILZKROKETTEN

GUT VORZUBEREITEN

150 g feste Champignons
30 g Butter
1 kleine Zwiebel
30 g Mehl
¼ l Milch
60 g Semmelbrösel
Salz, Pfeffer
¼ TL Chiliflocken

AUSSERDEM
Mehl zum Arbeiten
1 Ei (L)
60 g Semmelbrösel
Öl zum Frittieren

1 Die Champignons putzen und sehr fein hacken. 1 TL Butter in einer Pfanne aufschäumen und die Pilze dazugeben. Bei mittlerer Hitze ca. 10 Min. garen, bis die austretende Flüssigkeit vollständig verdampft ist. Die Pfanne beiseitestellen und die Pilze abkühlen lassen.

2 Inzwischen die Zwiebel schälen und in feine Würfel schneiden. Die restliche Butter (5 TL) in einem Topf aufschäumen und die Zwiebelwürfel darin glasig dünsten. Das Mehl darüberstreuen und bei mittlerer Hitze goldgelb anschwitzen. Nach und nach die Milch dazugeben und unterrühren, bis die Mischung cremig ist. Bei kleiner Hitze in ca. 10 Min. dick einkochen lassen.

3 Den Topf vom Herd nehmen, die Semmelbrösel und die Pilze unterrühren. Alles mit Salz, Pfeffer und Chiliflocken pikant abschmecken und ca. 20 Min. quellen und abkühlen lassen.

4 Aus der Masse mit bemehlten Händen ca. 20 Kroketten formen. Das Ei in einer Schüssel verquirlen, die Semmelbrösel auf einen großen Teller streuen. Die Kroketten zuerst im Ei, dann rundherum in den Semmelbröseln wenden.

5 Reichlich Öl in einem hohen Topf oder in einer Fritteuse auf 170° erhitzen. Die Kroketten darin portionsweise in ca. 3 Min. goldbraun ausbacken, mit einer Schaumkelle herausheben und auf Küchenpapier abtropfen lassen. Am besten lauwarm servieren.

TORTILLA MIT KRÄUTERN

GÜNSTIG

Für ca. 15 Stücke • 1 Std. Zubereitung • Pro Stück ca. 80 kcal, 4 g E, 5 g F, 6 g KH

700 g festkochende Kartoffeln
1 große Zwiebel
3 EL Olivenöl
50 g gemischte Kräuter (z. B. Petersilie, Basilikum, Rucola, Sauerampfer, Bärlauch)
5 Eier (M)
5 EL Milch
Salz, Pfeffer
ca. 15 Kirschtomaten

AUSSERDEM
ca. 15 Holzspießchen

1 Die Kartoffeln schälen, waschen, längs vierteln und quer in knapp ½ cm dicke Scheiben schneiden (Bild 1). Die Zwiebel schälen und klein würfeln. 1 EL Öl in einer beschichteten Pfanne (24 cm Durchmesser) erhitzen und die Zwiebel darin goldgelb anbraten. Herausnehmen und beiseitestellen. Wieder 1 EL Öl in der Pfanne erhitzen und die Kartoffeln darin bei mittlerer Hitze ca. 10 Min. anbraten, dabei gelegentlich wenden. Die Zwiebeln dazugeben und alles 10–15 Min. braten, bis die Kartoffeln fast gar sind (Bild 2).

2 Die Kräuter waschen und trocken schütteln (Bild 3). Ohne die groben Stiele fein hacken und in einer Schüssel mit den Eiern, der Milch, Salz und Pfeffer verquirlen. Die Kartoffel-Zwiebel-Mischung hinzufügen und mit den Eiern vermengen.

3 Das übrige Öl (1 EL) in der Pfanne erhitzen. Die Tortillamischung hineingeben und bei kleiner bis mittlerer Hitze zugedeckt in ca. 20 Min. stocken lassen, zwischendurch die Pfanne mehrmals rütteln.

4 Sobald sie nahezu gestockt ist, die Eiermasse mit einem Bratenwender vorsichtig vom Pfannenrand lösen (Bild 4). Dann den Bratenwender unter die Tortilla schieben, um diese vom Pfannenboden zu lösen.

5 Einen flachen Deckel auf die Pfanne legen, Pfanne und Deckel einmal umdrehen, sodass die Tortilla auf den Deckel gestürzt wird. Die Tortilla vorsichtig wieder in die Pfanne gleiten lassen (Bild 5) und offen in ca. 5 Min. fertig backen.

6 Die Tortilla auf eine Platte stürzen oder gleiten lassen. Abkühlen lassen und in ca. 15 mundgerechte Stücke schneiden (Bild 6). Die Tomaten waschen, trocken tupfen und je 1 Tomate mit einem Spießchen auf jedem Tortillastück befestigen.

Für 4 Personen • 30 Min. Zubereitung • Pro Portion ca. 175 kcal, 3 g E, 12 g F, 13 g KH

BOHNENSALAT MIT APRIKOSEN

VITAMINREICH

350 g grüne Bohnen
Salz
30 g Pinienkerne
1 rote Zwiebel
40 g getrocknete Soft-Aprikosen
3 EL Aceto balsamico bianco
Pfeffer
edelsüßes Paprikapulver
3 EL Olivenöl

1 Die grünen Bohnen waschen, putzen und zugedeckt in einem kleinen Topf in wenig leicht gesalzenem Wasser ca. 10 Min. dünsten.

2 Die Pinienkerne in einer kleinen Pfanne ohne Fett goldbraun rösten. Die Zwiebel schälen und längs halbieren, die Hälften in dünne Scheiben schneiden. Die Aprikosen in dünne Streifen schneiden.

3 Den Essig in einer großen Schüssel mit Salz, Pfeffer und Paprikapulver verquirlen, das Öl mit einem Schneebesen unterschlagen. Die Bohnen in ein Sieb abgießen und gut abtropfen lassen, anschließend in die Schüssel geben und im Dressing wenden. Die Pinienkerne, die Zwiebel und die Aprikosenstreifen hinzufügen und darin wenden. Den Salat abschmecken und lauwarm oder kalt servieren.

Für 4 Personen • 30 Min. Zubereitung • Pro Portion ca. 140 kcal, 1 g E, 10 g F, 11 g KH

ZWIEBEL-ORANGEN-SALAT

VEGAN

3 kleine Bio-Orangen (à ca. 100 g)
3 kleine rote Zwiebeln (à ca. 50 g)
1 EL Agavendicksaft
4 EL Olivenöl
Salz, Pfeffer
geräuchertes Paprikapulver
2 EL Kapern

1 Die Orangen heiß abwaschen und abtrocknen, ca. 1 TL Schale in feinen Zesten abziehen. Die Orangen mit einem Messer so schälen, dass die weiße Haut vollständig entfernt wird. Die Früchte in dünne Scheiben schneiden und diese halbieren, den Saft dabei auffangen.

2 Die Zwiebeln schälen und der Länge nach halbieren, die Hälften flach hinlegen und in sehr dünne Scheiben schneiden. Die Scheiben dann in die einzelnen Streifen teilen.

3 Den abgetropften Orangensaft in einer großen Schüssel mit Agavendicksaft und Olivenöl gründlich verrühren. Das Dressing mit Salz, Pfeffer und Paprikapulver würzen. Orangen und Zwiebeln im Dressing wenden. Den Salat auf Tellern oder in Schälchen anrichten und mit den Kapern und der Orangenschale bestreuen.

Für 4 Personen • 40 Min. Zubereitung • 3 Std. Ziehen • Pro Portion ca. 170 kcal, 6 g E, 8 g F, 19 g KH

ROTER KARTOFFELSALAT

GÜNSTIG

500 g festkochende Kartoffeln
Salz
1 kleine rote Paprika
1 kleine rote Chilischote
1 rote Zwiebel
100 g Naturjoghurt (3,5 % Fett)
1 EL Salatmayonnaise
2 EL Weißweinessig
2 EL Tomatenmark
Pfeffer
60 g Salami (in dünnen Scheiben)

1 Die Kartoffeln waschen und ungeschält in wenig Salzwasser in knapp 20 Min. gerade eben gar kochen. Etwas abkühlen lassen, schälen und in ca. 1 cm dicke Scheiben schneiden. Die Scheiben dann in 1 cm dicke Stifte schneiden.

2 Die Paprika und die Chili waschen, halbieren, weiße Trennwände und Kerne entfernen. Die Paprikahälften in feine Würfel schneiden, die Chilihälften fein hacken. Die Zwiebel schälen und ebenfalls in feine Würfel schneiden.

3 In einer Schüssel den Joghurt mit Salatmayonnaise, Essig und Tomatenmark gründlich verrühren. Die Chiliwürfel unterrühren und das Dressing mit Salz und Pfeffer sehr herzhaft abschmecken.

4 In einer Servierschüssel die Kartoffelstifte vorsichtig mit den Paprika- und den Zwiebelwürfeln mischen. Das Dressing darübergeben und leicht untermengen. Alles zugedeckt mindestens 3 Std. durchziehen lassen.

5 Den Salat noch einmal durchmischen und in Schälchen umfüllen. Die Salamischeiben in Streifen schneiden, locker zusammenrollen und darauflegen. Oder die Salamistreifen unter den Salat rühren.

Für 3 Gläser • 45 Min. Zubereitung • Pro Glas ca. 155 kcal, 5 g E, 11 g F, 8 g KH

MARINIERTE ZUCCHINI

AUS DER TOSKANA

1 kg kleine junge Zucchini
250 ml Weißweinessig
2 TL Salz
½ Bund Thymian
2 Zweige Rosmarin
3 Knoblauchzehen
500 ml Olivenöl
Pfeffer

AUSSERDEM
3 Schraubdeckelgläser (à 400 ml)

1 Die Zucchini waschen, putzen und leicht schräg in ½ cm dicke Scheiben schneiden. Den Essig mit 500 ml Wasser und dem Salz in einem Topf zum Kochen bringen. Die Zucchinischeiben portionsweise hineingeben und ca. 1 Min. kochen lassen. Fertige Zucchini mit einer Schaumkelle herausheben und auf einem sauberen Geschirrtuch abtropfen lassen. Nach und nach alle Zucchinischeiben auf diese Weise vorgaren.

2 Den Thymian und den Rosmarin waschen und abtrocknen. Die Thymianblättchen von den Stielen streifen, die Rosmarinnadeln abzupfen und hacken. Den Knoblauch schälen und in feine Stifte schneiden.

3 In einer großen Pfanne 3 EL Olivenöl erhitzen. Einige Zucchinischeiben trocken tupfen und nebeneinander in die Pfanne legen. Bei mittlerer Hitze von jeder Seite ca. 1 Min. goldgelb braten, dabei mit etwas Thymian, Rosmarin, Knoblauch und Pfeffer würzen. Herausnehmen und die nächste Portion Zucchinischeiben ebenso braten und würzen. Alle Zucchinischeiben auf diese Weise braten.

4 Die Zucchini eng in sterilisierte Gläser schichten. Das übrige Olivenöl (ca. 450 ml) angießen, die Zucchinischeiben müssen mit Öl bedeckt sein. Die Gläser fest verschließen. Sie können an einem kühlen Ort ca. 3 Monate lang gelagert werden. Einmal geöffnete Gläser in den Kühlschrank stellen und darauf achten, dass die Zucchini immer mit Öl bedeckt sind, dann halten sie mehrere Wochen.

GU **CLOU**

Beim Einlegen von Gemüse ist viel Olivenöl nötig. Natürlich ist es viel zu kostbar, um später einfach weggegossen zu werden. Verwenden Sie dieses ganz besonders aromatisierte Öl für Salate oder zum Braten von Gemüse.

FAMILIA WISS®

Für 4 Personen • 45 Min. Zubereitung • Pro Portion ca. 195 kcal, 4 g E, 18 g F, 4 g KH

SALBEI-AUBERGINEN

SOMMER-REZEPT

1 Aubergine (ca. 300 g)
Salz
6 Zweige Salbei
30 g Pinienkerne
40 g Manchego
4 EL Olivenöl
geräuchertes Paprikapulver
Pfeffer

1 Die Aubergine waschen und putzen, längs vierteln und dann quer in 3 mm dicke Scheiben schneiden. Die Scheiben auf einem Brett verteilen, mit etwas Salz bestreuen und ca. 20 Min. ruhen lassen.

2 Inzwischen den Salbei waschen, trocken schütteln und die Blätter abzupfen. Die Pinienkerne in einer kleinen beschichteten Pfanne ohne Fett goldbraun rösten und wieder herausnehmen. Den Manchego mit einem Sparschäler in Späne hobeln.

3 Das Olivenöl in einer großen beschichteten Pfanne erhitzen. Den Salbei darin bei großer Hitze knusprig braten, mit einem Schaumlöffel herausnehmen und auf Küchenpapier abtropfen lassen. Die Auberginen mit Küchenpapier trocken tupfen und in der Pfanne verteilen. Bei großer Hitze ca. 2 Min. braten, zwischendurch wenden. Mit Paprikapulver und Pfeffer würzen, in Schälchen umfüllen und mit Pinienkernen, Manchego-Spänen und Salbeiblättern toppen.

Für 4 Personen • 30 Min. Zubereitung • 2 Std. Ruhen • Pro Portion ca. 190 kcal, 76 g E, 10 g F, 15 g KH

SHERRY-SCHALOTTEN

MIT ALKOHOL

350 g kleine Schalotten
40 g kleine Rosinen
2 Zweige Rosmarin
4 EL Olivenöl
4 EL Weißweinessig
150 ml trockener Sherry
2 Lorbeerblätter
1 Gewürznelke
Salz, Pfeffer

1 Die Schalotten schälen. Die Rosinen in ein Sieb geben und mit warmem Wasser abbrausen. Den Rosmarin waschen und trocken schütteln, die Nadeln abzupfen und klein hacken. Das Olivenöl in einer Pfanne erhitzen und die Schalotten darin bei mittlerer Hitze in ca. 5 Min. rundherum goldgelb anbraten. Den Rosmarin dazugeben und kurz mit anbraten.

2 Den Essig und den Sherry zu den Schalotten gießen. Die Rosinen, die Lorbeerblätter und die Nelke dazugeben und unterrühren. Die Schalotten mit Salz und Pfeffer würzen und zugedeckt bei kleiner Hitze ca. 20 Min. köcheln lassen, zwischendurch mehrmals umrühren.

3 Die Pfanne vom Herd nehmen und die Schalotten mind. 2 Std. durchziehen lassen. Lorbeerblätter und Nelke entfernen, die Schalotten abschmecken und mit dem Sud in Schälchen füllen.

BROT & CO.

Für 4 Stück • 30 Min. Zubereitung • Pro Stück ca. 225 kcal, 4 g E, 9 g F, 32 g KH

KÜRBIS-BRUSCHETTA

VEGAN

½ kleiner Hokkaido-Kürbis (ca. 200 g)
1 EL Pinienkerne
3 EL Olivenöl
Salz, Pfeffer
4 kleine Radicchio-Blätter
4 Scheiben Ciabatta-Weißbrot
1 kleine Knoblauchzehe
4 EL Crema di Balsamico

1 Den Hokkaido-Kürbis waschen und die Kerne mit einem Löffel herauskratzen. Die Hälfte noch einmal durchschneiden, dann das Fruchtfleisch quer in knapp 1 cm dicke Streifen schneiden. Die Pinienkerne in einer großen Pfanne ohne Fett goldbraun rösten, herausnehmen und beiseitestellen.

2 Das Olivenöl in der Pfanne erhitzen und die Kürbisstreifen darin von jeder Seite bei großer Hitze ca. 1 Min. anbraten. Mit Salz und Pfeffer würzen und aus der Pfanne nehmen.

3 Die Radicchio-Blätter waschen und gut trocken schütteln, evtl. flach drücken. Die Ciabatta-Scheiben im Toaster rösten. Den Knoblauch schälen und die Brotscheiben damit einreiben. Den Radicchio, die Kürbisscheiben sowie die Pinienkerne darauf anrichten und die Bruschette mit der Crema di Balsamico beträufeln.

Für 16 Stück • 30 Min. Zubereitung • Pro Stück ca. 95 kcal, 3 g E, 5 g F, 9 g KH

TRAMEZZINI MIT EI

GUT VORZUBEREITEN

3 Eier (M)
50 g Rucola
2 Schalotten
100 g Mascarpone
2 EL lösliche Haferflocken (ca. 10 g)
Salz, Pfeffer
8 Scheiben Sandwich-Toastbrot (ca. 260 g)
½ rote Paprika

1 Die Eier anstechen und knapp mit Wasser bedeckt in ca. 10 Min. hart kochen. Inzwischen den Rucola verlesen, waschen und gut trocken schleudern. Die Schalotten schälen und grob würfeln. Rucola und Schalotten mit dem Mascarpone in eine hohe Rührschüssel geben und mit dem Pürierstab cremig pürieren. Die löslichen Haferflocken unterrühren und die Creme mit Salz und Pfeffer abschmecken.

2 Die Rinde von den Toastscheiben dünn abschneiden. Alle Scheiben mit Rucolacreme bestreichen. Die Eier kalt abschrecken und schälen. Die Paprika ggf. waschen und abtrocknen, Trennwände und Kerne entfernen. Eier und Paprika sehr fein würfeln und auf 4 Toastscheiben verteilen, leicht in die Creme drücken.

3 Die übrigen Toastscheiben mit der bestrichenen Seite nach unten auflegen und ebenfalls leicht andrücken. Die Toasts diagonal halbieren, die Hälften dann noch einmal mittig durchschneiden.

Für 24 Stücke • 35 Min. Zubereitung • 1 Std. 15 Min. Ruhen • Pro Stück ca. 95 kcal, 2 g E, 3 g F, 15 g KH

FOCACCIA-ECKEN

VEGAN

½ Würfel Hefe (21 g)
1 TL Zucker
1½ TL Salz
2 TL getrockneter Thymian
3 EL Olivenöl
500 g Mehl (Type 550)
12 kleine längliche Kirschtomaten (ca. 80 g)
3 Zweige Rosmarin

AUSSERDEM
Mehl zum Arbeiten
3 EL Olivenöl zum Beträufeln
Salzflocken zum Bestreuen

1 Die Hefe in einer Schüssel mit 250 ml lauwarmem Wasser verrühren. Zucker, Salz, Thymian und das Öl unterrühren. Das Mehl dazugeben und alles mit den Knethaken des Handrührgeräts zu einem glatten Teig verarbeiten. Den Teig zugedeckt an einem warmen Ort ca. 1 Std. gehen lassen.

2 Inzwischen die Tomaten waschen und längs halbieren. Den Rosmarin waschen und trocken schütteln, die Nadeln abzupfen und klein hacken.

3 Eine ca. 20 × 30 cm große ofenfeste Form mit Backpapier auslegen. Den Teig auf leicht bemehlter Arbeitsfläche in der Größe der Form ausrollen und hineinheben. Mit einem scharfen Messer längs zweimal und quer dreimal ca. 3 mm tief einkerben. Die so entstandenen Quadrate nochmals diagonal einkerben.

4 Mit einem Zeigefinger eine deutliche Vertiefung in jedes Teig-Dreieck drücken und je 1 Tomatenhälfte mit der Schnittfläche nach oben hineinlegen. Den Rosmarin darauf verteilen, das Olivenöl darüberträufeln und die Salzflocken daraufstreuen. Den Teig zugedeckt ca. 15 Min. gehen lassen.

5 Den Backofen auf 225 °C vorheizen. Die Focaccia im Ofen (unten) ca. 16 Min. backen. Herausnehmen und auf einem Rost ca. 15 Min. abkühlen lassen. Anschließend in der Form schneiden oder herausheben und in die vor dem Backen markierten Dreiecke schneiden.

Für 25 Stück • 45 Min. Zubereitung • 1 Std. Ruhen • 12 Min. Backen •
Pro Stück ca. 50 kcal, 1 g E, 2 g F, 6 g KH

KLEINE PIZZA-SCHNECKEN

GÜNSTIG

10 g frische Hefe
4 EL Olivenöl
½ TL getrockneter Thymian
½ TL Salz
200 g Mehl
1 Zwiebel
1 Knoblauchzehe
½ Bund Basilikum
30 g Tomatenmark
30 g Parmesan, frisch gerieben
Pfeffer

AUSSERDEM
Mehl zum Arbeiten
Backpapier

1 Hefe in eine Schüssel bröckeln, 100 ml lauwarmes Wasser dazugeben, Hefe darin auflösen. 2 EL Öl, Thymian, Salz, Mehl dazugeben, mit den Knethaken der Handrührgeräts zu einem glatten Teig verkneten. Zugedeckt ca. 1 Std. ruhen lassen.

2 Inzwischen Zwiebel schälen und sehr fein würfeln. Übriges Öl (2 EL) in einer Pfanne erhitzen, Knoblauch schälen und dazupressen. Zwiebel dazugeben, bei mittlerer Hitze goldgelb dünsten, in eine Schüssel geben und etwas abkühlen lassen. Basilikum waschen, trocken schütteln, Blätter hacken und mit Tomatenmark, Parmesan und Pfeffer unter die Zwiebel rühren.

3 Den Ofen auf 225° vorheizen. Ein Backblech mit Backpapier auslegen. Den Teig auf bemehlter Arbeitsfläche ca. 20 × 40 cm groß ausrollen. Zwiebelmischung darauf verstreichen, an einer Längsseite 1 cm frei lassen und mit Wasser einpinseln. Teig von der anderen Längsseite her aufrollen, das zweite Ende etwas andrücken. Die Rolle in 25 Scheiben schneiden, auf dem Blech verteilen und im Ofen (Mitte) ca. 12 Min. backen.

Für 10 Stück • 30 Min. Zubereitung • Pro Stück ca. 100 kcal, 4 g E, 2 g F, 16 g KH

PINTXOS MIT BOHNENCREME

BASKISCH

10 Zweige Thymian
1 Zwiebel
1 Knoblauchzehe
1 EL Olivenöl
1 kleine Dose weiße Bohnenkerne (ca. 250 g Abtropfgewicht)
Salz, Pfeffer
1 EL Zitronensaft
40 g Frischkäse
ca. 2 TL lösliche Haferflocken (ca. 10 g)
10 Scheiben Baguette
10 große Oliven (entsteint)

AUSSERDEM
10 Holzspießchen

GUT ZU WISSEN
»Pintxos« sind die typischen Tapas im Baskenland. Im übrigen Spanien heißen die kleinen Brote »Pinchos«. Der Ursprung der Begriffe liegt im Wort »pinchar«, was sich mit einstechen übersetzen lässt.

1 Den Thymian waschen, trocken tupfen und die Blättchen von den Stielen zupfen oder streifen. Die Zwiebel und den Knoblauch schälen und in kleine Würfel schneiden. Das Öl in einem kleinen Topf auf mittlerer Stufe erhitzen, die Zwiebelwürfel und den Knoblauch hinzufügen und glasig dünsten.

2 Die Bohnen in ein Sieb abgießen und abtropfen lassen. Die Bohnen und die Hälfte des Thymians zu den Zwiebeln geben, mit Salz und Pfeffer würzen und zugedeckt bei kleiner Hitze ca. 5 Min. dünsten. Die Mischung lauwarm abkühlen lassen.

3 Die Bohnen-Zwiebel-Mischung in einen hohen Rührbecher umfüllen, Zitronensaft, Frischkäse und 1 TL Haferflocken dazugeben. Alle Zutaten mit dem Pürierstab grob pürieren. Wenn die Creme zu weich ist, die übrigen Haferflocken (1 TL) dazugeben und untermixen.

4 Die Baguettescheiben nach Belieben toasten. Mit der Bohnencreme dick bestreichen und mit dem restlichen Thymian bestreuen. Die Oliven auf Holzspießchen und diese in die Brote stecken. Die Pintxos schmecken besonders gut in Kombination mit Brotscheiben, die mit Manchego-Käse, locker zusammengelegten Scheiben Serranoschinken oder dünnen Scheiben Chorizo belegt sind.

Für 4 Personen • 30 Min. Zubereitung • Pro Portion ca. 285 kcal, 13 g E, 18 g F, 18 g KH

CROSTINI MIT SALSICCIA

ZUM BRUNCH

2 Salsiccia-Würste (ca. 120 g)
1 EL Butter
4 Eier (S)
Salz, Pfeffer
4 Scheiben Ciabatta-Brot
½ Bund Schnittlauch

AUSSERDEM
4 Holzspieße (ca. 15 cm lang)

1 Die Salsiccia-Würste in je 4 Scheiben (ca. 2 cm dick) schneiden. Eine beschichtete Pfanne erhitzen und die Salsiccia-Scheiben darin bei mittlerer Hitze unter gelegentlichem Wenden insgesamt ca. 10 Min. braten, bis sie außen knusprig und innen gar sind. Auf einen Teller legen und zugedeckt warm halten.

2 Die Butter in der Pfanne zerlassen. Die Eier einzeln hineingeben, dabei darauf achten, dass das Eiweiß nicht zu sehr auseinanderläuft. Die Eier mit Salz und Pfeffer würzen. Bei mittlerer Hitze in ca. 4 Min. zu Spiegeleiern backen, bis das Eiweiß gestockt ist.

3 Die Eier auf die Ciabatta-Brotscheiben geben. Jeweils 2 Wurststücke auf die Spieße und diese in die Brote stecken. Den Schnittlauch waschen und trocken schütteln, in Röllchen schneiden und auf die Crostini streuen.

Für 4 Personen • 20 Min. Zubereitung • Pro Portion ca. 240 kcal, 16 g E, 14 g F, 13 g KH

SALTIMBOCCA-CROSTINI

SCHNELL

8 Salbeiblätter
2 dünne Kalbsschnitzel (à ca. 80 g)
1 EL Olivenöl
Salz, Pfeffer
1 EL Zitronensaft
4 Scheiben Ciabatta-Brot
4 gestr. EL Mascarpone
4 kleine dünne Schinkenscheiben

AUSSERDEM

4 Holzspieße (nach Belieben)

1 Die Salbeiblätter waschen und trocken tupfen. Die Kalbsschnitzel trocken tupfen und halbieren.

2 Das Olivenöl in einer Pfanne erhitzen und die Schnitzelchen darin bei großer Hitze von jeder Seite ca. 2 Min. braten. Gegen Ende die Salbeiblätter mit in die Pfanne geben. Die Schnitzel mit Salz, Pfeffer und dem Zitronensaft würzen und abkühlen lassen.

3 Die Brotscheiben nach Belieben toasten, dann mit dem Mascarpone bestreichen. Die Schnitzelchen darauflegen. Den Schinken locker zusammenlegen und auf die Schnitzelchen geben. Zum Schluss je 2 Salbeiblätter auf jedes Crostini legen. Noch etwas Pfeffer aus der Mühle darübermahlen. Die Zutaten nach Belieben mit Holzspießen feststecken.

FLEISCH & WURST

Für 8 Stück • 30 Min. Zubereitung • Pro Stück ca. 105 kcal, 17 g E, 7 g F, 1 g KH

HÄHNCHENSPIESSE MIT SAFRANSAUCE

MIT ALKOHOL

350 g Hähnchenbrustfilet
Salz, Pfeffer
geräuchertes Paprikapulver
2 EL Olivenöl
125 ml Hühnerbrühe
1 Prise gemahlener Safran
2 EL trockener Sherry
75 g milder Edelpilzkäse (ohne Rinde)
¼ Bund Schnittlauch

AUSSERDEM
8 Holzspieße (ca. 15 cm lang)

GUT ZU WISSEN
»Amontillado« ist ein meist trockener Sherry mit Haselnussaroma, der lange im Holzfass reift. »Oloroso« steht für meist trockenen, dunkelbraunen Sherry mit Walnussaroma. Ebenfalls trocken sind »Fino« und »Manzanilla«, hingegen deutet »Cream« auf süßen Sherry hin.

1 Das Hähnchenbrustfilet trocken tupfen und in ca. 3 cm große Würfel schneiden. Die Hähnchenwürfel rundherum mit Salz, Pfeffer und Paprikapulver würzen und jeweils 3 oder 4 Würfel locker auf einen Spieß stecken.

2 Das Öl in einer großen Pfanne erhitzen und die Spieße darin bei großer Hitze rundherum ca. 3 Min. goldbraun anbraten. Die Spieße dann bei kleiner Hitze noch ca. 10 Min. offen braten, zwischendurch mehrmals wenden.

3 Die fertigen Spieße aus der Pfanne nehmen und zugedeckt warm halten. Die Brühe in die Pfanne gießen und den Bratensatz unter Rühren ablöschen. Die Brühe bei großer Hitze ein wenig einkochen lassen. Den Safran, den Sherry und den Edelpilzkäse dazugeben, alles gründlich verrühren und den Käse schmelzen lassen. Die Sauce unter Rühren bei großer Hitze ca. 3 Min. einkochen lassen.

4 Den Schnittlauch waschen, trocken schütteln und in feine Röllchen schneiden. Die Sauce mit Salz und Pfeffer abschmecken und mit den Spießen auf Tellern anrichten, den Schnittlauch darüberstreuen.

Für ca. 25 Stück • 45 Min. Zubereitung • Pro Stück ca. 60 kcal, 4 g E, 4 g F, 2 g KH

FLEISCHBÄLLCHEN MIT TOMATEN

FÜR KINDER

400 g gemischtes Hackfleisch (Rind und Schwein)
3 EL Semmelbrösel
1 Ei (L)
Salz, Pfeffer
1½ TL gemahlener Kreuzkümmel
1 große Zwiebel
1 EL Olivenöl
2 TL Mehl
1 Dose stückige Tomaten (400 g)
½ Bund Petersilie

1 Das Hackfleisch mit den Semmelbröseln und dem Ei vermengen. Die Mischung mit je ½ TL Salz und Pfeffer sowie dem Kreuzkümmel würzen und zu 20–25 kleinen Bällchen formen.

2 Die Zwiebel schälen und klein würfeln. Das Öl in einer großen Pfanne erhitzen und die Zwiebel darin bei mittlerer Hitze goldgelb anbraten. Das Mehl darüberstreuen und unter Rühren kurz anschwitzen. Die Tomaten aus der Dose dazugeben. Die Sauce mit Salz und Pfeffer kräftig würzen und aufkochen lassen.

3 Die Fleischbällchen hineingeben, in der Tomatensauce wenden und zugedeckt bei kleiner Hitze in ca. 25 Min. garen. Die Petersilie waschen und trocken schütteln, die Blätter abzupfen und hacken. Die Fleischbällchen mit Petersilie bestreuen und servieren.

Für 4 Personen • 25 Min. Zubereitung • Pro Portion ca. 335 kcal, 11 g E, 26 g F, 6 g KH

SALSICCIA MIT HONIG

MIT ALKOHOL

300 g Salsiccia-Würste
1 große Zwiebel
1 Knoblauchzehe
4 Zweige Thymian
1 EL Olivenöl
125 ml Rotwein
1 TL geräuchertes Paprikapulver
Pfeffer
1 EL Honig

1 Die Salsiccia-Würste in 1 cm dicke Scheiben schneiden. Die Zwiebel schälen und in dünne Spalten schneiden. Den Knoblauch schälen und fein hacken. Den Thymian waschen und trocken schütteln. Die Blättchen von den Stielen zupfen oder streifen.

2 Das Olivenöl in einer Pfanne erhitzen und die Wurstscheiben darin bei großer Hitze ca. 2 Min. scharf anbraten, zwischendurch wenden. Die Zwiebelspalten, den gehackten Knoblauch und den Thymian dazugeben und ca. 1 Min. mit anbraten.

3 Alles mit dem Rotwein ablöschen, mit Paprikapulver, Pfeffer und dem Honig würzen und offen bei großer Hitze noch 3–4 Min. einkochen lassen. Die Salsiccia auf Schälchen verteilen und servieren.

Für 4 Personen • 30 Min. Zubereitung • 2 Std. Marinieren • Pro Portion ca. 180 kcal, 24 g E, 8 g F, 3 g KH

ZITRONEN-KNOBLAUCH-HÄHNCHEN

SOMMER-REZEPT

1 Bio-Zitrone
4 Knoblauchzehen
2 EL Olivenöl
Pfeffer
400 g Hähnchenbrustfilet
6 große grüne Oliven (mit Tomaten- oder Zitronenfüllung)
½ Bund Petersilie
Salz

1 Die Zitrone heiß waschen und abtrocknen. Von einer Hälfte die Schale abreiben und den Saft auspressen. Die andere Hälfte in Stücke schneiden und zugedeckt beiseitestellen. Den Knoblauch schälen und fein hacken, mit Zitronensaft, Zitronenschale, Olivenöl und Pfeffer zu einer Marinade verrühren.

2 Das Hähnchenfilet trocken tupfen und in 3 cm große Würfel schneiden, in der Marinade wenden und zugedeckt mindestens 2 Std. im Kühlschrank marinieren.

3 Die Oliven in Scheiben schneiden. Die Petersilie waschen, trocken schütteln und die Blätter abzupfen. Nach Belieben hacken. Eine beschichtete Pfanne nicht zu stark erhitzen. Die Hähnchenwürfel aus der Marinade heben und in der Pfanne von jeder Seite ca. 3 Min. goldbraun anbraten, dabei salzen.

4 Übrige Marinade, Zitronenstücke und Olivenscheiben dazugeben. Alles bei mittlerer Hitze noch 2 Min. garen. Das Hähnchen in Schälchen umfüllen und mit der Petersilie bestreuen.

Für 4 Personen • 30 Min. Zubereitung • Pro Portion ca. 180 kcal, 21 g E, 6 g F, 3 g KH

WÜRZIGES LAMMRAGOUT

MIT ALKOHOL

400 g Lammrückenfilet (»Lachse«)
1 Gemüsezwiebel
1 rote Chilischote
2 Knoblauchzehen
1 EL Olivenöl
1 TL gemahlener Koriander
1 TL gemahlener Kreuzkümmel
Salz, Pfeffer
100 ml trockener Rotwein
½ Bund Koriandergrün

1 Das Lammfleisch in mundgerechte Würfel schneiden. Die Gemüsezwiebel schälen und längs vierteln, die Viertel in dicke Scheiben schneiden. Die Chilischote waschen, halbieren, weiße Trennwände und Kerne entfernen und die Hälften fein hacken. Den Knoblauch schälen und in Stifte schneiden.

2 Das Olivenöl in einem Topf erhitzen und das Fleisch darin unter Rühren rundherum ca. 2 Min. scharf anbraten. Zwiebeln, Chili und Knoblauch dazugeben und bei mittlerer Hitze ca. 4 Min. anbraten.

3 Koriander, Kreuzkümmel, Salz und Pfeffer über das Fleisch und die Zwiebel streuen. Alles mit dem Wein ablöschen und bei kleiner Hitze noch ca. 5 Min. köcheln lassen. Das Ragout abschmecken und auf kleine Teller oder Schälchen verteilen. Das Koriandergrün waschen, trocken tupfen und die Blätter abzupfen. Das würzige Lammragout damit bestreuen.

Für 4 Personen • 30 Min. Zubereitung • Pro Portion ca. 265 kcal, 14 g E, 22 g F, 3 g KH

ROASTBEEF MIT RUCOLA-PESTO

FÜR GÄSTE

25 g Pinienkerne
60 g Rucola
4 EL Olivenöl
Salz, Pfeffer
½ Bund Schnittlauch
100 g Taleggio
6 getrocknete Tomaten (in Öl)
12 dünne Scheiben Roastbeef-Aufschnitt (ca. 120 g)

1 Die Pinienkerne in einer kleinen Pfanne ohne Fett goldgelb rösten und wieder herausnehmen. Den Rucola verlesen, waschen und trocken schütteln, einige zarte Blätter zum Garnieren beiseitelegen, die restlichen zusammen mit Pinienkernen, Olivenöl, Salz und Pfeffer in einen hohen Rührbecher geben und mit dem Pürierstab pürieren.

2 Den Schnittlauch waschen, trocken schütteln und in Röllchen schneiden. Den Taleggio in dicke Stifte (ca. 1 × 1 × 5 cm) schneiden, die getrockneten Tomaten abtropfen lassen und längs halbieren. Je 1 Stift Taleggio und 1 Tomatenhälfte auf 1 Scheibe Roastbeef legen und darin einrollen. Auf diese Weise 12 Röllchen herstellen.

3 Die beiseitegelegten Rucolablätter auf Tellern auslegen und die Roastbeef-Röllchen darauf anrichten. Das Rucola-Pesto mit einem Löffel darüber verteilen. Nochmals mit schwarzem Pfeffer übermahlen und mit den Schnittlauchröllchen bestreuen.

Für 8 Stück • 40 Min. Zubereitung • Pro Stück ca. 120 kcal, 9 g E, 6 g F, 7 g KH

SCHNITZELRÖLLCHEN MIT SPINAT

LOW CARB

4 dünne Minutenschnitzel vom Schwein (je ca. 50 g)
8 TL mittelscharfer Senf
Salz, Pfeffer
4 dünne Scheiben Räucherschinken
150 g zarter Blattspinat
2 EL Olivenöl
30 g Pinienkerne
4 Schalotten
4 EL Crema di Balsamico

AUSSERDEM
8 Holzspießchen

1 Die Schnitzel trocken tupfen, halbieren und eventuell zwischen zwei Lagen Frischhaltefolie klopfen, bis sie sehr dünn geworden sind. Die Schnitzel mit dem Senf bestreichen und mit Salz und Pfeffer würzen. Die Schinkenscheiben halbieren. Je ½ Schinkenscheibe auf jedes Schnitzelchen legen. Einige Spinatblätter waschen, abtrocknen und auf die Schnitzel legen. Die Schnitzel aufrollen und mit Holzspießchen fixieren.

2 Das Olivenöl in einer Pfanne erhitzen. Die Röllchen darin bei großer Hitze rundherum scharf anbraten. Die Hitze reduzieren, die Röllchen salzen und pfeffern und bei mittlerer Hitze noch ca. 10 Min. braten, zwischendurch mehrmals wenden.

3 Inzwischen die Pinienkerne in einer kleinen Pfanne ohne Fett goldbraun rösten, beiseitestellen. Die Schalotten schälen und in sehr dünne Scheiben schneiden, diese in Ringe teilen.

4 Den übrigen Blattspinat verlesen, waschen und grobe Stiele entfernen. Den Spinat trocken schütteln, grob hacken und auf 8 kleinen Tellern oder einer Platte auslegen. Die Pinienkerne und die Schalotten darüber verteilen, dann die Crema di Balsamico darüberträufeln. Den Spinat zudem mit etwas Salz und Pfeffer würzen. Die Schnitzelröllchen aus der Pfanne nehmen und auf dem Spinatbett anrichten.

FISCH & MEERESFRÜCHTE

Für 4 Personen • 30 Min. Zubereitung • 1 Std. Marinieren • Pro Portion ca. 325 kcal, 13 g E, 22 g F, 15 g KH

KABELJAU-KROKETTEN

KLASSIKER

3 EL Zitronensaft
3 EL trockener Weißwein
175 g Kabeljaufilet
2 Eier
75 g Mehl
½ TL Backpulver
Salz, Pfeffer
6 Stängel Petersilie
10 Stängel Koriandergrün
1 kleine rote Chilischote

AUSSERDEM

Öl zum Frittieren
1 Bio-Zitrone zum Anrichten
4 Stängel Koriandergrün zum Garnieren (nach Belieben)

1 In einer Schüssel den Zitronensaft mit dem Wein verquirlen. Das Kabeljaufilet trocken tupfen, grob würfeln und in der Marinade wenden. Zugedeckt ca. 1 Std. im Kühlschrank marinieren.

2 Die Eier in einer Schüssel mit einem Schneebesen gut verquirlen. Das Mehl mit dem Backpulver mischen, zu den Eiern sieben und gründlich unterrühren. Den Teig mit etwas Salz und Pfeffer würzen.

3 Petersilie und Koriandergrün waschen, trocken schütteln und hacken. Die Chilischote waschen, halbieren, weiße Trennwände und Kerne entfernen und die Hälften fein hacken. Gehackte Kräuter und Chili unter den Teig rühren. Das Fischfilet aus der Marinade heben, mit Küchenpapier gut trocken tupfen, mit den Fingern in feine Stücke zerpflücken und unter den Teig mischen.

4 Reichlich Öl in einer hohen Pfanne oder in einer Fritteuse auf ca. 180° erhitzen. Es ist heiß genug, wenn an einem hineingehaltenen Holzlöffelstiel sofort kleine Bläschen aufsteigen.

5 Die Kroketten portionsweise frittieren. Für jede Krokette 1 gehäuften TL Fischmasse in das heiße Öl geben und rundherum in ca. 3 Min. goldgelb frittieren. Mit einer Schaumkelle herausheben und auf Küchenpapier abtropfen lassen. Die Zitrone heiß abwaschen, abtrocknen und in Spalten schneiden. Die Kroketten mit den Zitronenspalten und nach Belieben Korianderstängeln garnieren.

GU
CLOU

In Spanien und Portugal wird gern Stockfisch, also getrockneter Kabeljau, für Kroketten verwendet. Da man dieses Produkt bei uns nur selten bekommt und die Zubereitung recht aufwendig ist, werden diese knusprigen Bällchen mit frischem Fisch zubereitet.

Für 4 Personen • 30 Min. Zubereitung • Pro Portion ca. 225 kcal, 11 g E, 18 g F, 5 g KH

GARNELEN IN SCHARFER SAUCE

LOW CARB

2 grüne Chilischoten
2 Zwiebeln
2 Knoblauchzehen
6 EL Olivenöl
200 g stückige Tomaten (aus der Dose)
2 Lorbeerblätter
Salz, Pfeffer
150 g geschälte gegarte Riesengarnelen (Gambas)
30 g Parmesan am Stück
½ Bund Petersilie

1 Chilischoten waschen, halbieren, Trennwände und Kerne entfernen und die Hälften in feine Streifen schneiden. Zwiebeln und Knoblauch schälen und fein würfeln. In einer großen Pfanne 3 EL Olivenöl erhitzen und die Zwiebeln darin bei mittlerer Hitze goldgelb anbraten. Chili und Knoblauch dazugeben, kurz andünsten. Stückige Tomaten und Lorbeerblätter dazugeben, die Sauce mit Salz und Pfeffer würzen und bei sehr kleiner Hitze ca. 10 Min. köcheln lassen.

2 Die Garnelen trocken tupfen, am Rücken einschneiden und den Darm entfernen. Übriges Öl (3 EL) in einer Pfanne erhitzen und die Garnelen darin bei mittlerer Hitze ca. 4 Min. rundherum braten.

3 Den Parmesan mit einem Sparschäler in Späne hobeln. Die Petersilie waschen, trocken schütteln und hacken. Die Tomatensauce abschmecken und in Schälchen umfüllen, die Garnelen dazugeben und mit Parmesan und Petersilie bestreuen.

Für 4 Personen • 30 Min. Zubereitung • Pro Portion ca. 135 kcal, 12 g E, 8 g F, 2 g KH

AUSTERNPILZE »TONNATO«

SCHNELL

1 Dose Thunfisch im eigenen Saft (ca. 150 g Abtropfgewicht)
100 g saure Sahne
1 EL Zitronensaft
Salz, Pfeffer
20 g Rucola
250 g Austernpilze
2 EL Olivenöl
3 EL kleine Kapern (aus dem Glas)

1 Den Thunfisch abtropfen lassen und in einen hohen Rührbecher geben. Die saure Sahne dazugeben und beides mit dem Pürierstab durchmixen. Den Zitronensaft unterrühren und die Sauce mit Salz und Pfeffer abschmecken. Den Rucola verlesen, waschen, trocken schütteln und nach Belieben grob hacken. Zarte Blätter ganz lassen.

2 Die Austernpilze putzen, mit einem feuchten Tuch abreiben und bei Bedarf in dicke Scheiben schneiden. Das Olivenöl in einer Pfanne erhitzen und die Austernpilze darin bei großer Hitze ca. 4 Min. braten, zwischendurch wenden und mit Salz und Pfeffer würzen.

3 Die Austernpilze auf einer Platte verteilen und mit der Thunfischsauce beträufeln. Die Kapern abtropfen lassen und darauf verteilen. Den Rucola darüberstreuen.

Für 4 Personen • 30 Min. Zubereitung • 2 Std. Ruhen • Pro Portion ca. 565 kcal, 15 g E, 51 g F, 9 g KH

FRITTIERTE KALAMARI MIT AIOLI

LOW CARB

FÜR DIE AIOLI
1 frisches Eigelb
Salz, Pfeffer
2 TL Zitronensaft
125 ml mildes Olivenöl
2 Knoblauchzehen
100 g Joghurt (10 % Fett)

FÜR DIE KALAMARI
300 g kleine Tintenfische (Kalamari; nur Fangarme oder Fangarme und Tuben)
2 EL Mehl
Salz, Pfeffer
Öl zum Ausbacken

AUSSERDEM
1 Bio-Zitrone zum Servieren

GUT ZU WISSEN
Für die Aioli unbedingt ein feines, mildes Olivenöl verwenden, sonst schmeckt man das Öl zu stark heraus.

FÜR DIE AIOLI in einem hohen Rührbecher das Eigelb mit etwas Salz, Pfeffer und dem Zitronensaft mit den Rührbesen des Handrührgeräts verquirlen. Das Olivenöl zuerst tropfenweise, dann ganz langsam in einem dünnen Strahl unterschlagen, bis eine dicke Mayonnaise entstanden ist. Den Knoblauch schälen, fein hacken und unterrühren. Den Joghurt ebenfalls unterrühren. Die Knoblauch-Mayonnaise mit Salz und Pfeffer kräftig abschmecken und zugedeckt in den Kühlschrank stellen. Ca. 2 Std. durchziehen lassen – der Knoblauch entfaltet sein Aroma erst nach und nach.

FÜR DIE KALAMARI die Tintenfische waschen und trocken tupfen, große Stücke klein, Tuben ggf. in Ringe schneiden. In eine Schüssel geben, mit Mehl, Salz und Pfeffer bestreuen, darin wenden und überschüssiges Mehl abschütteln.

Reichlich Öl zum Ausbacken in einem großen Topf oder einer Fritteuse auf ca. 180° erhitzen. Die Kalamari portionsweise in das heiße Öl geben und in 2–3 Min. goldgelb frittieren. Fertige Kalamari mit einer Schaumkelle herausnehmen und auf Küchenpapier gut abtropfen lassen.

Die Zitrone waschen, abtrocknen und in Spalten schneiden. Die Kalamari mit den Zitronenspalten auf einer Platte anrichten, die Aioli dazu servieren.

Für 4 Personen • 30 Min. Zubereitung • Pro Portion ca. 165 kcal, 13 g E, 11 g F, 3 g KH

KNOBLAUCHGARNELEN

FÜR GÄSTE

20 große geschälte gegarte Garnelen (ca. 250 g)
1 runder Zucchino (ca. 300 g)
1 kleine rote Chilischote
4 Knoblauchzehen
4 EL Olivenöl
Salz, Pfeffer

TIPP
Runde Zucchini (Rondini) bekommt man am ehesten auf dem Wochenmarkt. Als Ersatz einen dicken, länglichen Zucchino nehmen.

1 Die Garnelen mit Küchenpapier gut trocken tupfen. Den Zucchino waschen und in 1 cm dicke Scheiben schneiden, die Scheiben vierteln. Die Chilischote waschen, halbieren, weiße Trennwände und Kerne entfernen und die Hälften klein schneiden. Den Knoblauch schälen und in dünne Scheiben schneiden.

2 In einer großen beschichteten Pfanne 2 EL Öl erhitzen. Die Zucchinistücke dazugeben und bei großer Hitze von jeder Seite in 1–2 Min. goldbraun anbraten. Aus der Pfanne nehmen.

3 Das restliche Öl (2 EL) in der Pfanne erhitzen. Garnelen, Chili und Knoblauch hineingeben und bei großer Hitze ca. 2 Min. braten. Die Zucchinistücke untermischen, alles mit Salz und Pfeffer würzen. Unbedingt Brot dazu reichen – auch zum Auftunken des würzigen Öls.

Für 12 Stück • 25 Min. Zubereitung • Pro Stück ca. 85 kcal, 5 g E, 6 g F, 3 g KH

JAKOBSMUSCHELN MIT SERRANO

FÜR GÄSTE

12 ausgelöste Jakobsmuscheln (ca. 400 g)
Pfeffer
edelsüßes Paprikapulver
6 Scheiben Serranoschinken
2 EL Olivenöl
12 Basilikumblätter
12 kleine schwarze Oliven (entsteint)

AUSSERDEM

12 Holzspießchen

1 Die Jakobsmuscheln mit Küchenpapier gut trocken tupfen, mit Pfeffer und Paprikapulver würzen. Die Schinkenscheiben längs halbieren und die Muscheln damit umwickeln.

2 Das Olivenöl in einer beschichteten Pfanne erhitzen. Die Jakobsmuscheln im Schinkenmantel so hineinlegen, dass die Nahtstelle des Schinkens unten liegt. Die Jakobsmuscheln bei mittlerer Hitze insgesamt ca. 6 Min. braten, zwischendurch mehrmals vorsichtig wenden. Die Muscheln nicht zu lange braten, sonst werden sie trocken.

3 Die Muscheln auf kleine Tellerchen setzen. Die Basilikumblätter waschen und abtrocknen, je 1 Blatt und 1 Olive mit Holzspießchen auf jeder Muschel im Schinkenmantel feststecken.

Für 4 Personen • 30 Min. Zubereitung • Pro Portion ca. 235 kcal, 13 g E, 19 g F, 3 g KH

GRÜNER TINTENFISCHSALAT

FÜR GÄSTE

1 kleine grüne Chilischote
3 zarte Frühlingszwiebeln
3 dünne Stangen Staudensellerie (mit Blättern)
250 g kleine Tintenfischtuben (küchenfertig)
40 g Mandeln
5 EL Olivenöl
Salz, Pfeffer
3 EL Zitronensaft
6 Stängel Petersilie

1 Chili waschen, halbieren, Trennwände und Kerne entfernen und die Hälften in feine Streifen schneiden. Frühlingszwiebeln putzen, waschen und schräg in dünne Ringe schneiden. Sellerie putzen, waschen und in dünne Scheiben schneiden, die Blätter beiseitelegen. Tintenfischtuben waschen, trocken tupfen und in Ringe schneiden.

2 Die Mandeln grob hacken und in einer großen Pfanne ohne Fett rösten, bis sie duften. Herausnehmen und beiseitestellen. 2 EL Öl in der Pfanne erhitzen, die Tintenfischringe dazugeben und bei großer Hitze ca. 2 Min. braten, leicht salzen und pfeffern. Chili, Frühlingszwiebeln und Sellerie dazugeben und alles ca. 1 Min. braten.

3 Zitronensaft und übriges Öl (3 EL) in einer großen Schüssel verrühren, die gebratenen Zutaten und die Mandeln darin wenden. Sellerieblätter und Petersilie waschen, trocken schütteln, hacken und untermischen. Den Salat noch einmal abschmecken.

Für 8 Stück • Zubereitung 30 Min. • Pro Stück ca. 95 kcal, 8 g E, 7 g F, 3 g KH

SEETEUFELSPIESSE

FÜR GÄSTE

25 g kleine Rosinen
300 g feste Tomaten
30 g Schalotten
1 Knoblauchzehe
4 EL Olivenöl
2 EL Zitronensaft
Salz, Pfeffer
300 g Seeteufelfilet (ersatzweise Kabeljau-Loins)

AUSSERDEM

8 Holzspieße (ca. 15 cm lang)

1 Die Rosinen in einer Tasse mit heißem Wasser übergießen und ca. 5 Min. quellen lassen. Tomaten waschen und vierteln, von Stielansätzen und Kernen befreien und klein würfeln. Schalotten und Knoblauch schälen, hacken und mit den Tomatenwürfeln vermengen. Die Rosinen abtropfen lassen und dazugeben, die Salsa mit 2 EL Olivenöl, 1 EL Zitronensaft, Salz und Pfeffer vermischen.

2 Das Fischfilet trocken tupfen und in ca. 2,5 cm große Würfel schneiden, ggf. Gräten entfernen. In einer Schüssel das übrige Olivenöl (2 EL) und den übrigen Zitronensaft (1 EL) mit etwas Salz und Pfeffer verrühren. Die Fischwürfel dazugeben und darin wenden. Je 3 Würfel auf jeden Holzspieß stecken.

3 Eine beschichtete Pfanne bei mittlerer Temperatur erhitzen. Die Spieße einlegen und bei kleiner Hitze ca. 4 Min. braten, zwischendurch wenden. Die Spieße mit der Salsa anrichten.

REGISTER

Vegetarische Rezepte, die im Buch mit einem 🌢 gekennzeichnet sind, sind hier grün abgesetzt.

Abkürzungsverzeichnis:
E = Eiweiß
EL = Esslöffel (gestrichen)
F = Fett
kcal = Kilokalorien
KH = Kohlenhydrate
Msp. = Messerspitze
Pck. = Päckchen
TK = Tiefkühl
TL = Teelöffel (gestrichen)
Ø = Durchmesser

LIEBE LESERINNEN UND LESER,

wir wollen Ihnen mit diesem Buch Informationen und Anregungen geben, um Ihnen das Leben zu erleichtern oder Sie zu inspirieren, Neues auszuprobieren. Wir achten bei der Erstellung unserer Bücher auf Aktualität und stellen höchste Ansprüche an Inhalt und Gestaltung. Alle Anleitungen und Rezepte werden von unseren Autoren, jeweils Experten auf ihren Gebieten, gewissenhaft erstellt und von unseren Redakteur*innen mit größter Sorgfalt ausgewählt und geprüft.

Haben wir Ihre Erwartungen erfüllt? Sind Sie mit diesem Buch und seinen Inhalten zufrieden? Wir freuen uns auf Ihre Rückmeldung. Und wir freuen uns, wenn Sie diesen Titel weiterempfehlen, in Ihrem Freundeskreis oder bei Ihrem Online-Kauf.

Sollten wir Ihre Erwartungen so gar nicht erfüllt haben, tauschen wir Ihnen Ihr Buch jederzeit gegen ein gleichwertiges zum gleichen oder ähnlichen Thema um.

KONTAKT ZUM LESERSERVICE

GRÄFE UND UNZER VERLAG
Grillparzerstraße 12
81675 München
www.gu.de

IMPRESSUM

Postfach 860366, 81630 München

GU ist eine eingetragene Marke der GRÄFE UND UNZER VERLAG GmbH, www.gu.de

ISBN 978-3-8338-8253-1
2. Auflage 2022

Projektleitung: Sabine Sälzer
Lektorat: Katharina Lisson
Korrektorat: Anne-Sophie Zähringer
Gesamtgestaltung: independent Medien-Design, München
Umschlaggestaltung: ki36 Editorial Design, Sabine Krohberger, München
Herstellung: Linda Wiederrecht
Satz: Eberl & Koesel Studio GmbH
Reproduktion: Medienprinzen GmbH
Druck und Bindung: Firmengruppe APPL, aprinta druck, Wemding
Printed in Germany

GRÄFE UND UNZER

Ein Unternehmen der
GANSKE VERLAGSGRUPPE

DIE AUTORIN

Angelika Ilies ist seit vielen Jahren als freie Autorin und Food-Journalistin tätig und hat für GU schon mehrere erfolgreiche Kochbücher geschrieben. Sie liebt die schnelle unkomplizierte Küche und wandelt in ihren Kreationen gerne Klassisches durch ungewöhnliche Zutaten und Aromen ab.

DIE FOTOGRAFIN

Coco Lang fotografiert Food und Stills in ihrem Werkstattstudio direkt am Münchner Viktualienmarkt. Dieses Buch hat sie gemeinsam mit Foodstylist Sven Dittmann produziert.

Bildnachweis:
photisserie, Kathrin Koschitzki: Cover
Barbara Mittmann: S. 04 Autorenfoto
Coco Lang: alle anderen Fotos

Umwelthinweis:
Nachhaltigkeit ist uns sehr wichtig. Der Rohstoff Papier ist in der Buchproduktion hierfür von entscheidender Bedeutung. Daher ist dieses Buch auf PEFC-zertifiziertem Papier gedruckt. PEFC garantiert, dass ökologische, soziale und ökonomische Aspekte in der Verarbeitungskette unabhängig überwacht werden und lückenlos nachvollziehbar sind.

Syndication: www.seasons.agency

Die GU-Homepage finden Sie unter www.gu.de

APPETIT AUF MEHR?

ISBN 978-3-8338-8290-6

ISBN 978-3-8338-7988-3

ISBN 978-3-8338-8171-8

ISBN 978-3-8338-8264-7

ISBN 978-3-8338-7914-2

ISBN 978-3-8338-7812-1

e Alle hier vorgestellten Bücher sind auch als eBook erhältlich.

GU

Mehr von GU auf **www.gu.de** und **facebook.com/gu.verlag**

DIE »GU KOCHEN PLUS«-APP

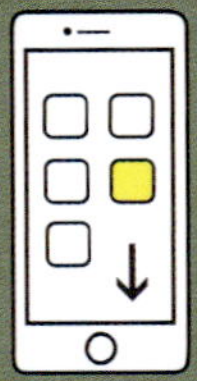

1 APP HERUNTERLADEN

Laden Sie die kostenlose »GU Kochen Plus«-App im Apple App Store oder im Google Play Store auf Ihr Smartphone. Starten Sie die App und wählen Sie Ihren Küchenratgeber aus.

2 REZEPTBILD SCANNEN

Scannen Sie das gewünschte Rezeptbild mit der Kamera Ihres Smartphones. Klicken Sie im Display die Funktion Ihrer Wahl.

3 FUNKTIONEN NUTZEN

Sammeln Sie Ihre Lieblingsrezepte. Speichern und verschicken Sie Ihre Einkaufslisten. Oder nutzen Sie den praktischen Supermarkt-Finder und den Rezept-Planer.